LE

GÉNÉRAL CASSAIGNOLLES

Auch, impr. et lith. F. Foix.

LE

GÉNÉRAL CASSAIGNOLLES

ESQUISSE BIOGRAPHIQUE

PAR

LÉONCE COUTURE

Rédacteur en chef de la *Revue de Gascogne*

—

PARIS

LIBRAIRIE MILITAIRE DE J. DUMAINE

LIBRAIRE-ÉDITEUR DE L'EMPEREUR

30, rue et Passage-Dauphine, 30

—

1866

LE GÉNÉRAL

CASSAIGNOLLES

Au mois de mai 1860, un de nos officiers de cavalerie, qui avait donné sa démission pour prendre rang parmi les volontaires pontificaux, écrivait de Rome à Joseph Cassaignolles :

> Mon général,
>
> ..... Après avoir cru qu'il n'y avait absolument rien à faire [ici], je me disposais à rentrer en France, lorsque j'ai vu hier le général de La Moricière, absent depuis mon arrivée, lequel a un peu changé mes idées.
>
> Sous la brusque franchise de sa réception à l'africaine, j'ai cru reconnaître un certain désir de ne pas me laisser partir sáns nouvelle réflexion. Lorsque je lui ai prononcé votre nom, mon général, il s'est récrié et m'a dit tant de bonnes choses qu'il ne m'appartient presque pas de vous les répéter. Permettez-le-moi cependant. « Ah ! vous avez une lettre de Cassaignolles ! c'est différent ! c'est mon ami, c'est un peu mon enfant, et le meilleur général de cavalerie que nous ayons en France »....

Ce jugement, si glorieux pour notre regretté compatriote, vient d'assez bon lieu pour défier la contradiction; mais, loin d'être isolé, il reproduit, on le verra, l'opinion exprimée par d'autres hautes autorités militaires. C'en est assez pour justifier, en dehors des plus légitimes sentiments d'affection personnelle et de patriotisme local, l'à-propos de ces pages destinées à recueillir quelques notes biographiques sur le général Cassaignolles. Si j'ai besoin d'excuse, c'est pour avoir abordé cette tâche avec trop peu d'intelligence de la matière et en l'absence de renseignements complets et suivis. Mais, à défaut d'une notice achevée, on ne lira pas sans intérêt des fragments morcelés d'une vie si active et si brillante; et les humbles efforts d'une plume guidée par l'affection bien plus que par la science, susciteront peut-être (Dieu le veuille!) un travail moins indigne de l'éminent général. Après tout, les plus délicats ne refuseront pas leur attention sympathique à des pages signées des plus beaux noms de l'armée française, malgré la pauvreté du cadre où ces pages leur seront présentées. Peut-être n'aurais-je pas osé, sans ce secours, entreprendre une notice dont beaucoup d'éléments essentiels me font défaut : mais avec de telles richesses, j'ai quelque confiance de gagner tous les suffrages; et l'on ne s'étonnera pas que je me taise le plus souvent que je le pourrai pour laisser parler Pélissier ou Bosquet.

I

Joseph-Charles-Anthelme Cassaignolles naquit à Vic-Fezensac
le 15 mai 1806. Sa famille occupait depuis deux siècles un rang
considérable dans le pays. Un de ses grands-oncles, l'abbé Cassaignolles, vicaire-général de M. de Montillet, rendit d'importants services au diocèse d'Auch, où sa mémoire mérite de rester en vénération et qui profite encore de plusieurs monuments de son zèle
ecclésiastique (1). Son oncle, ancien président de la cour royale de
Nîmes, député sous la Restauration, élevé à la pairie après juillet
1830, réunissait à un rare degré la dignité de l'homme d'état et
les qualités aimables de l'homme du monde (1). Son père, Ray-
mond Cassaignolles, engagé volontaire de 1792, avait débuté dans
la carrière militaire avec ses amis et compatriotes Delort et Bagnéris (2); il était aide-de-camp de Moncey lorsqu'il se retira du service après les événements de fructidor : homme d'honneur et d'esprit, dont le souvenir est resté cher à tous ceux qui l'ont connu.
Mort en janvier 1835, trop tôt pour voir les premières actions
d'éclat qui mirent le jeune Cassaignolles en évidence, il laissa à sa
veuve, privée par la guerre de la présence de son fils, une fille
accomplie, qui mourut elle-même à la fleur de l'âge au mois de
janvier 1839.

(1) On lui attribue l'excellente instruction pastorale qui précède les *Statuts syno-
daux* publiés par M. de Montillet, et l'*Amende honorable au Sacré-Cœur de Jésus*,
insérée aux *Heures d'Auch*.

(2) Le président Cassaignolles mourut le 25 août 1838 à Vic-Fezensac, sa ville
natale, à l'âge de 85 ans.

(3) On me permettra de glisser au bas de cette page un distique familier consacré
par M. R. Cassaignolles à cet honnête général :

Bagnéris dans le Gers finira sa carrière
Et jamais que d'un œil ne verra la lumière.

La première enfance de Joseph Cassaignolles ne permit guère d'entrevoir sa destinée; sa constitution, qui semblait frêle. n'annonçait pas un homme de guerre. Son caractère même se ressentit d'abord de la délicatesse de son tempérament. L'enfant, choyé dans la famille, ne se plut guère à l'école. Il dut pourtant, à l'âge de neuf ans, s'arracher aux caresses de sa mère pour se transporter au collége royal de Toulouse. Heureusement qu'il trouva dans cette ville l'affection et les soins d'une nouvelle famille : je veux parler de sa tante, madame la comtesse de Villeneuve, et de M. de Brethous, son oncle, qui n'ont jamais cessé depuis, on le verra, de l'aimer et de le traiter comme un fils. Il quitta le collége à l'âge de dix-sept ans sans avoir achevé ses classes. Avec cette provision d'études fort imparfaites, il se jeta à Saumur où se développa rapidement son goût pour la cavalerie, goût inné qui éveilla chez lui un talent militaire de l'ordre le plus élevé, et détermina tout son avenir. Engagé volontaire de l'école de cavalerie en octobre 1825, brigadier un an après, il entrait comme maréchal-des-logis au 10e régiment de chasseurs le 17 septembre 1827, et passait maréchal-des-logis chef en octobre 1828 et adjudant-sous-officier en janvier 1831. A la fin de la même année, il fut incorporé, comme sous-lieutenant porte-étendard, au 2e régiment de chasseurs d'Afrique, que l'on organisait à l'heure même. C'était à Alger la période des essais et des tâtonnements, signalée surtout par la création d'armes spéciales, appropriées aux étranges conditions morales et stratégiques de notre conquête encore bien disputée.

Cassaignolles fit sa première campagne africaine en 1832, et il ne quitta qu'en 1848, pour y retourner bientôt, cette terre d'Algérie, si chère à tous ceux qui lui ont donné leur sueur et leur sang en échange de la gloire. Il devint lieutenant au même régiment le 2 septembre 1835, après quatre années de rudes efforts dans les guerres d'aventure de ces premières années d'occupation. Ces luttes incessantes et infiniment variées ne sont pas à retracer ici; je me contenterai de dire un mot des actions où le jeune officier se distingua plus hautement, d'après les documents officiels.

Son nom apparaît pour la première fois, à l'ordre du jour de la division d'Oran, après l'affaire de la Sikkah (6 juillet 1836) contre l'émir Abd-el-Kader, qui avait déjà établi son influence sur les débris de la domination turque, grâce aux hésitations des gouverneurs pour la conduite de la guerre et de l'administration dans l'ouest de l'Algérie. L'émir s'était posté depuis quatre jours près de la Tafna pour empêcher le général Bugeaud de ravitailler Tlemsen, et s'apprêtait à enfermer nos troupes dans le ravin de la Sikkah : il avait annoncé à ses soldats la dernière bataille et l'expulsion des Français de la province d'Oran. Bugeaud lui fit accepter le combat non loin de ravins profonds où l'impétuosité de nos troupes finit par précipiter les Arabes. Rien ne manqua au succès de ce combat, comparable à une bataille, que la prise longtemps rêvée de l'émir; du moins son cheval resta mort sur la place. On fit un carnage horrible des soldats ennemis; il y eut de leur côté douze à quinze cents morts, et du nôtre trente-deux hommes tués et soixante-dix blessés. Le 2ᵉ régiment de chasseurs eut la principale part à la lutte : il fut par deux fois et longtemps engagé pêle-mêle contre des forces très supérieures; pas un militaire de ce corps qui n'eût à combattre individuellement plusieurs ennemis (1). Parmi tant de braves, Cassaignolles, avec plusieurs officiers (entre autres le capitaine Montauban), mérita l'honneur d'une citation spéciale; exposé au plus chaud de la mêlée, il eut un cheval tué sous lui et donna les premières preuves de ce sang-froid imperturbable qui ne se démentit jamais dans les affaires les plus dangereuses.

D'autres succès réprimèrent l'audace des tribus révoltées contre notre domination, et la prise de Constantine amena, dès l'année suivante, un temps d'arrêt dans cette guerre morcelée et toujours renaissante. Toutefois dans la province d'Oran la lutte ne se ralentit guère. Les spahis réguliers de cette division furent créés à la

---

(1) Rapport du maréchal-de-camp commandant la division d'expédition à Oran, Bugeaud, au ministre de la guerre. *Moniteur universel* des 30 et 31 juillet 1836.

fin de 1836 et Cassaignolles y entra comme lieutenant adjudant-major; il devint capitaine-adjudant en mars 1838 et capitaine en avril 1840. Quelque temps avant cette dernière date, il s'était fait remarquer à la brillante affaire de Tem Salmet, où une colonne de 850 hommes de toutes armes, sous la conduite du lieutenant-colonel Yusuf, résista pendant trois quarts d'heure, sans se laisser entamer, à une armée de 8,000 Arabes qui l'entourait, et fut enfin dégagée par l'arrivée de troupes envoyées d'Oran (1).

Le traité de la Tafna, cette unique faute si glorieusement réparée de notre illustre Bugeaud, loin de terminer la *guerre sainte*, avait mis Abd-el-Kader dans la situation la plus favorable à son patriotisme ou à son ambition. La province d'Oran fut le théâtre de ses efforts organisateurs et de ses tentatives militaires, et Cassaignolles grandit dans cette lutte sous les Lamoricière, les Changarnier, les Bedeau, les Cavaignac, à côté des Bosquet, des Montauban, des Montebello, des Forton, des de Cotte, des Carbuccia, des Rivet... Je nomme les morts aussi volontiers que les vivants : pour une gloire qui s'achève, pour une fortune qui se fonde, que de carrières brusquement coupées, que de vies fauchées dans leur fleur! Est-ce trop d'un souvenir reconnaissant pour de tels sacrifices ?

Nous rencontrons le jeune capitaine dans plusieurs des razzias organisées contre des tribus indisciplinables par le général de Lamoricière, maréchal-de-camp commandant la province d'Oran. En décembre 1842, toute une tribu, 6 à 7,000 personnes, avec bagages et troupeaux, s'était groupée sur les bords de la Mina. Notre cavalerie, sous les ordres du lieutenant-colonel Sentuary, les chargea avec cette impétuosité qui triomphe de la force et du nombre. Les chefs Arabes voyant leurs lignes forcées de toutes parts, demandèrent miséricorde. L'honneur de ce succès revenait principalement aux spahis commandés par le capitaine Cassaignolles et aux chasseurs commandés par le capitaine de Forton (2).

---

(1) Rapport du général Guéhéneuc. *Moniteur universel* du 4 avril 1840.

(2) Lettre du général de Lamoricière, à M. le gouverneur de l'Algérie, Bugeaud. *Moniteur universel* du 8 janvier 1843.

Le dernier mot n'était jamais dit avec les chefs arabes, trop fidèles héritiers de la foi punique. La tribu des Flittas donna, par exemple, des tracas incessants à notre armée d'occupation. A peine remis de l'affaire de la Mina, les mêmes régiments eurent à poursuivre une de leurs caravanes. Il fallut franchir, par des sentiers de chèvre, la chaîne abrupte qui sépare le Theghighest du Riou; et après une nuit de marche forcée, la tête de notre cavalerie atteignit les premières tentes, tandis que les canonniers et les soldats du train étaient encore fort en arrière et qu'une partie de la cavalerie légère, obligée à un détour, était retenue sur un point éloigné par une rude résistance. Nos cavaliers, en petit nombre, furent non moins énergiquement accueillis par les premiers douars qu'ils abordèrent. Le lieutenant-colonel Sentuary et les capitaines de Forton et Cassaignolles « surmontèrent cette résistance avec leur vigueur accoutumée. » Ce sont les expressions du rapport de Lamoricière. Les Arabes, après une lutte acharnée, gagnèrent les montagnes en laissant une soixantaine de morts sur le champ de bataille. On eut depuis l'explication de leur ardeur extraordinaire : l'émir avait couché la nuit précédente dans la tribu (1).

Cette année 1843 parut décisive contre lui. Les généraux Changarnier et Lamoricière avaient presque achevé de dompter les tribus de l'Ouest. La prise de la smalah d'Abd-el-Kader par le duc d'Aumale (16 mai), à la tête de forces dix fois inférieures à celles de l'ennemi, sembla le coup de grâce porté à sa puissance. Le colonel Morris commandait la cavalerie qui exécuta ce merveilleux coup de main sur la maison de l'émir, comprenant ses fonctionnaires, ses domestiques, ses otages, avec les provisions de guerre, les vivres, le trésor, les archives, le bétail, le haras, les femmes et les enfants. Les chasseurs chargèrent à droite; les spahis, entraînés par leurs intrépides officiers (Cassaignolles y était), prirent à gauche, où se trouvait le

____

(1) Rapport du général de Lamoricière à Bugeaud. *Moniteur* du 29 janvier 1843.

douar d'Abd-el-Kader et de ses lieutenants. Le prince, placé au centre avec un escadron, dirigeait tous les mouvements. En quelques minutes, tout céda. Et bientôt, le duc d'Aumale put écrire en tête de son rapport au général de Bar, commandant à Alger, ces lignes triomphantes : « Mon général, la smalah d'Abd-el-Kader est prise, son trésor pillé, les fantassins réguliers tués ou dispersés. Quatre drapeaux, un canon, deux affûts, un butin immense, des populations et des troupeaux considérables sont tombés en notre pouvoir (1). » Le reste de l'année fut occupé à poursuivre les débris épars des forces de l'armée arabe.

Au mois de juin, par exemple, on eut avis d'une émigration considérable qui remontait la vallée du haut Riou. Notre cavalerie, partie à minuit, atteignit, à 8 heures du matin, la queue de cette immense caravane, composée d'au moins 40,000 personnes, chassant une quantité de troupeaux et de bêtes de somme. Les spahis, sous les ordres des capitaines Arbellot et Cassaignolles, donnèrent vigoureusement; ils eurent quatre blessés et perdirent plusieurs chevaux; mais il ne fut pas possible à des escadrons fatigués par une marche de plus de dix lieues de pénétrer bien avant dans la masse confuse des bataillons ennemis (2).

Une affaire bien plus sérieuse, et qui fut regardée un moment comme le terme de toute résistance de la part d'Abd-el-Kader, fut la défaite et la mort de son principal lieutenant, Ben-Allal-Sidi-Embareck. Joseph Cassaignolles, on va le voir, eut la plus brillante part dans cette action, et s'il avait été facile jusqu'alors de prévoir son bel avenir, il fut impossible d'en douter depuis.

Le général Tempoure, sorti le 6 novembre de Mascara avec 800 fantassins, 3 pièces d'artillerie et 500 chasseurs et spahis, poursuivait les restes de l'infanterie d'Abd-el-Kader, qui cherchaient à rejoindre l'émir sous le commandement de son khalifa Sidi-

<hr>

(1) *Moniteur universel* du 31 mai 1843.
(2) Dépêche du lieutenant-général de Lamoricière. *Moniteur* du 16 juillet 1843.

Embareck. Ce dernier avait une grande avance sur nos troupes. Mais, après plusieurs jours de marches forcées, par des terrains presque impraticables, sous une pluie battante, le général, guidé par les traces des bivacs arabes et par quelques indications des habitants du pays, finit par rencontrer, le matin du 11 novembre, un dernier bivac dont les feux n'étaient pas encore éteints. Sûrs alors d'atteindre l'ennemi, nos soldats oublient leur fatigue, franchissent des torrents gonflés par la pluie, d'affreux ravins, des forêts presque inextricables, et reconnaissent enfin, à une épaisse fumée sortant d'un bois voisin, le campement du khalifa à l'origine de la vallée de l'Oued-Malah. Le général forme alors sa cavalerie en trois colonnes, sous les ordres du colonel Tartas, ordonnant à l'infanterie d'en suivre au pas de course tous les mouvements.

Bientôt, un coup de feu tiré par une vedette arabe avertit Ben-Allal de la présence des Français. En même temps, nos cavaliers partent au trot, et, en quelques minutes, se trouvent à une portée de fusil de la troupe arabe, qui marchait en deux colonnes serrées, tambours battant, drapeaux en tête. Les soldats du khalifa envoient à bout portant un feu nourri sur les nôtres. Mais ils ne peuvent résister à la charge de la cavalerie qui en fait un terrible carnage, surtout vers la tête de la colonne, où les drapeaux attirent en foule chasseurs et spahis. Bientôt ces trophées enviés étaient à nous et n'avaient plus de défenseurs. A la vue de ces pertes, le khalifa prit la fuite avec un certain nombre de cavaliers et parvint à gagner les pentes rocheuses des collines appelées Kefs.

« Mais M. le capitaine Cassaignolles, des spahis (je copie la relation publiée quelques jours après par le *Moniteur algérien*), sans le connaître, et conduit par un heureux instinct, s'était acharné à le poursuivre au travers d'affreuses difficultés. Deux brigadiers du 2ᵉ chasseurs et un maréchal-des-logis de spahis, accourus à la voix de M. Cassaignolles, vinrent le seconder dans son entreprise. Ben-Allal, entouré par ses quatre ennemis, semblait ne devoir plus songer à se défendre, et déjà le brigadier Labossay se préparait à recevoir de ses mains le fusil que ce chef lui présentait la crosse en avant, lorsque, par un mouvement rapide comme l'éclair, il en dirigea le canon sur la poitrine du brigadier qu'il étendit raide mort. M. le capitaine Cassaignolles, le sabre au poing, allait venger la mort de Labossay, quand un coup de pistolet renversa le cheval de cet officier; un second coup de pistolet de Ben-Allal blessa légèrement le maréchal-des-logis de spahis Sicot, qui venait de lui asséner un coup de sabre sur la tête. Ben-Allal, n'ayant plus de feu contre ses assaillants, se défendait de son arme déchargée, lorsque le brigadier Gérard mit fin à cette lutte désespérée en lui tirant un coup de pistolet dans la poitrine, à brûle-pourpoint.

» M. le capitaine Cassaignolles ne savait point encore à quel ennemi il avait à faire; il n'avait pu que remarquer son courage, son sang-froid et son habileté à manier ses armes. Un signe bien connu de tous dissipa ses doutes : un œil manquait à la figure de son ennemi terrassé ; ce ne pouvait être que Ben Allal Ould Sidi Embareck, le borgne, comme l'avaient surnommé les Arabes. Sa tête fut apportée aux pieds du général.

» .... Ben-Allal était le conseiller le plus intime d'Abd-el-Kader, son véritable homme de guerre, et, après lui, le personnage le plus important et notre ennemi le plus acharné (1). »

L'intéressant volume consacré à la biographie de Tartas par un savant ecclésiastique, son compatriote et son ami, me fournit un détail de plus. Tous les officiers venaient féliciter le commandant de la cavalerie du succès obtenu. «Cassaignolles se présente à son tour. Colonel, lui dit-il, cette journée est la vôtre; à vous appartiennent les armes du khalifa.— Merci, brave Cassaignolles, j'accepte volontiers le fusil et le pistolet, ce pistolet que la France

____

1) *Moniteur algérien*, cité dans le *Moniteur de l'armée* et dans le *Moniteur universel* du 3 décembre 1843.

lui avait donné, et que le traître avait tourné contre la France. Le yatagan est à vous (1). »

Telle avait été l'impétuosité de nos cavaliers qu'il n'y eut de notre côté qu'un mort, le brigadier tué par Sidi-Embareck, et un petit nombre d'hommes gravement blessés, tandis que l'ennemi avait subi de grandes pertes : plus de quatre cents morts, presque autant de prisonniers, cinquante chevaux, six cents fusils et trois drapeaux. Le jeune capitaine, à qui sa bonne fortune et son courage avaient donné une si belle part dans cette brillante affaire, fut cité avec honneur dans le rapport du général Tempoure, et le gouverneur général de l'Algérie le désigna pour porter à Louis-Philippe les drapeaux enlevés aux Arabes. Le maréchal Bugeaud écrivait en même temps au ministre de la guerre (24 novembre 1843) :

« Je charge M. le capitaine des spahis d'Oran Cassaignolles de vous apporter les drapeaux pris à l'infanterie d'Abd-el-Kader dans l'heureux et brillant combat du 11 novembre sur l'Oued-Malah. M. Cassaignolles est un officier des plus distingués par le courage, l'intelligence et le dévouement. Il en a donné de nombreuses preuves. C'est à lui qu'on doit la mort du khalifa Ben-Allal... » Et le maréchal résumait les faits dont nous venons de présenter le récit.

Après avoir reçu à Paris l'accueil que méritaient ses services, Cassaignolles vint passer quelques jours à Vic-Fezensac. Il avait besoin de jouir du bonheur de sa mère et de serrer la main de ses amis d'enfance, tous orgueilleux de ses succès, et pour qui son affection resta toujours si vive et si cordiale. Du reste, la ville entière voulut témoigner son admiration au jeune officier devenu l'honneur de sa patrie : le conseil municipal et les habitants de Vic lui offrirent un banquet.

---

(1) Page 105 de l'ouvrage intitulé : *Le général de Tartas ou récit de ses expéditions militaires en Afrique*, par l'abbé Barrère. Agen, l'auteur; Paris. Dentu et J. Dumaine, 1860. In-12 de 224 pages, prix : 2 fr.

II

Pendant que Cassaignolles se reposait dans le calme de sa ville
natale de cette rude campagne de 1843, l'Algérie semblait complètement pacifiée. Le maréchal Bugeaud avait fait entendre ces
paroles trop confiantes dans un banquet public, à la fin du mois
de novembre : « Je vous dis hardiment que la guerre sérieuse est
finie. Abd-el-Kader pourra bien, avec la poignée de cavaliers qui
lui restent, exécuter quelques coups de main sur les Arabes sou-
mis de la frontière ; mais il ne peut rien tenter d'important (1). »
Le génie d'Abd-el-Kader devait donner, quelques mois après, un
rude démenti aux calculs de Bugeaud. L'émir, en attirant nos
troupes sur la frontière du Maroc, nous mit en guerre avec
cet empire jusque-là paisible et ami. On connaît les faits d'armes
où éclatèrent la valeur et le coup d'œil du prince de Joinville, et
cette brillante victoire qui valut au gouverneur général de l'Algérie
le titre de duc d'Isly. Je n'ai pas à donner ici le détail de cette
journée ; on sait qu'après quatre heures d'attaques réitérées et
repoussées partout avec une bravoure prodigieuse, les Marocains
furent mis en complète déroute. Parmi les hommes qui l'avaient
« parfaitement secondé » dans cette action, Bugeaud n'oublia pas
de mentionner (après les généraux Lamoricière et Bedeau, et les
colonels Pélissier, Cavaignac, Gachot, Tartas, Yusuf et Morris),
bon nombre d'officiers, entre autres Cassaignolles, chef d'escadron
aux spahis (1). Il était monté à ce grade le 6 janvier précédent.

Pendant l'année 1845, la lutte, apaisée du côté du Maroc, se

<hr>

(1) Cité par A. NETTEMENT, *Histoire de la conquête d'Alger*, p. 500.
(1) Rapport du maréchal Bugeaud, *Moniteur universel* du 30 août 1844.

reporte plus rude que jamais sur les tribus indigènes, et conti-
nue avec des incidents parfois douloureux. Je n'en rappellerai
qu'un seul, celui des grottes où le colonel Pélissier, après des
sommations réitérées et toujours inutiles, se décida à faire périr
par la fumée la tribu des Ouled-Riah : mesure sinistre, mais peut-
être nécessaire, au sujet de laquelle Cassaignolles crut devoir
témoigner son approbation au rude guerrier, comme je l'apprends
du billet qui suit :

Alger, le 20 août 1845.

Mon cher Cassaignolles, je vous remercie pour votre bonne lettre du
14 août. Je la classe avec plus de cent autres que des chefs ou de bons
camarades m'ont écrites pour me féliciter d'avoir eu l'énergie de ma
situation, le courage de mes œuvres et la satisfaction de mener à bien
une œuvre qui m'avait été confiée et n'était pas sans difficultés.

Je vous embrasse de cœur.

A. PÉLISSIER.

En juin, au moment où Abd-el-Kader, en se retirant dans le
Maroc, allait nous accorder un trop court armistice, Cassaignolles
prit une part notable à une expédition dans les montagnes de
l'Aurès. J'en laisse raconter un épisode au général Bedeau :

Un chef appelé Saali, particulièrement signalé comme le principal
instigateur des intrigues préparées pour compromettre l'autorité des
chefs investis, s'était réfugié avec un douar nombreux, à sept heures
du camp du colonel Regeau, sur le territoire des Oulad-Derradj-Gharabas.

Le commandant Cassaignolles reçut l'ordre de partir dans la nuit
du 18 juin avec deux escadrons de spahis et cinquante cavaliers du
caïd Si-Mokram pour enlever ce douar. Au point du jour, le douar
était entouré. Trois cent cinquante chameaux et trois mille moutons
étaient pris, et les chefs des Oulad-Derradj-Gharabas se rendaient
eux-mêmes près du commandant Cassaignolles pour s'excuser d'avoir
donné l'hospitalité à un chef dissident.

Au moment où les escadrons se préparaient à retourner au camp,
Saali, qui était parvenu à réunir quelques cavaliers, fit insulter les

gens du goum de Si-Mokram, et quelques coups de fusil furent échangés entre eux. Le commandant Cassaignolles, qui avait une mission de simple police politique à remplir, parvint à faire cesser le feu du goum, mais quelques coups de fusil avaient suffi pour réunir d'autres cavaliers.

La mobilité arabe se montra bien évidente en cette circonstance. Malgré les chefs, plus de 500 chevaux et près de 200 fantassins entourèrent en moins d'une demi-heure les 150 spahis du commandant Cassaignolles. Cet officier supérieur, dont vous connaissez toute la valeur militaire, était parfaitement secondé par le capitaine Arbellot et par plusieurs officiers de mérite. Ils durent maintenir en ordre régulier les deux escadrons, et par des charges partielles bien combinées parvinrent à tuer plusieurs hommes aux Arabes en compensant l'infériorité numérique par une énergie disciplinée et habilement dirigée.

Le combat dura deux heures. Il nous a coûté trois hommes et cinq chevaux tués, un officier, douze hommes et quinze chevaux blessés. Nos spahis ont conservé la totalité des chameaux et moutons; ils n'ont pas laissé une seule arme, un seul mort au pouvoir des Arabes, auxquels ils ont pris 24 fusils, 7 sabres, 10 pistolets et 7 chevaux.

Ce combat fort inattendu a produit dans ce pays, jusqu'à ce jour peu visité, un très avantageux effet, en prouvant la supériorité de nos armes. Dès le lendemain, les chefs des Oulad-Derradj-Gharabas écrivaient ponr demander au colonel de pardonner à leurs Arabes que Dieu, disaient-ils, avaient déjà punis pendant le combat (1).

Je ne crois pas me tromper en rapportant à cette action la lettre suivante (2), écrite quatre ans après à Joseph Cassaignolles

(1) Rapport du lieutenant général Bedeau au gouverneur général de l'Algérie, 1er juillet. *Moniteur universel* du 24 juillet 1845.

(2) Depuis que ceci est imprimé, j'ai acquis la certitude de ne m'être pas trompé sur ce point. Voici un ordre du jour trouvé parmi les papiers du général Cassaignolles :

« *Colonne expéditionnaire du Hodna.* — La colonne va ériger un monument pour perpétuer dans ce pays le souvenir de l'admirable combat livré le 19 juin 1845 par le commandant Cassaignolles, à la tête de 150 spahis. Tous les corps conduits par leurs officiers y travailleront.

» Le soir, il sera distribué une ration d'eau-de-vie à titre de gratification à tous les travailleurs.

» Bivac de l'Oued-Magra, le 6 avril 1849.

» *Le Colonel commandant la colonne,*

» Signé : CARBUCCIA, » etc.

par un de ses meilleurs amis, officier distingué qui unissait aux plus belles qualités militaires le goût des études historiques et qui a rendu de grands services à l'archéologie africaine (1) :

Batna, le 21 avril 1849.

Mon excellent ami,

.... Je vous annonce avec plaisir que j'ai parcouru avec ma colonne les lieux qui ont été les témoins de votre glorieux combat; que j'ai fait élever au point où vous avez enterré vos cadavres un monument de 10 mètres de base sur 6 m. de hauteur en pierres sèches, et que sur le plateau, à côté de ce petit monument, j'ai fait creuser dans le sol une croix de 20 m. de long sur 8 et enfoncée de 1 m. Cette croix, ainsi tracée à terre, a été remplie de petits cailloux pris dans la rivière, et elle fait un merveilleux effet. (*Suit un double croquis de la projection horizontale et verticale*)... Au pied de la croix sera placée une pierre de taille élevée sur une colonne et où sera relatée votre affaire.

.... Adieu, mon bon ami, mon cher Cassaignolles; vous savez que je suis et que je serai toujours

Tout à vous de cœur,

CARBUCCIA.

J'avoue que tout me charme ici : la franchise de ces amitiés fraternelles que la vie des camps semble avoir le privilége de faire naître et d'entretenir ; le respect de l'homme et le culte de la mort, mille fois plus profonds et plus solennels dans la double austérité de la guerre et du désert; et surtout cette image divine de la croix, protégeant les restes de soldats obscurs morts loin de leur famille et de leur clocher pour la cause de la France et de la civilisation chrétienne.

La lettre qu'on vient de lire est une de celles qui portaient fréquemment au colonel Cassaignolles passé en France les souve-

---

(1) L'Académie des Inscriptions et Belles-Lettres, dans sa séance publique annuelle du 22 août 1851, décerna la première médaille du concours des antiquités de la France à M. le colonel Carbuccia, pour son mémoire manuscrit intitulé : *Archéologie de la subdivision de Batna*, accompagné de dix cahiers de dessins, cartes et plans.

nirs toujours chers de l'Algérie. Lieutenant-colonel du 1er régiment de chasseurs d'Afrique, le 8 octobre 1846, il avait eu bonne part à la rude expédition du général Marey-Monge dans le Tell en 1848; et le 21 juillet de cette année, après des événements qui changèrent tant de choses en France et en Afrique, mais qui, en favorisant un instant la fortune de notre compatriote, ne montrèrent que mieux la noblesse de son caractère, il avait été nommé colonel du 3e chasseurs. Parmi les lettres qu'il reçut alors, je me reprocherais de ne pas en citer une où l'amitié sincère et l'admiration légitime parlent un trop noble langage pour n'être point reconnues de tous :

Mon cher Cassaignolles,

Je viens vous embrasser et vous porter mes félicitations de tout mon cœur. Vive la République, tant qu'elle ne mettra de nouvelles épées que dans de vaillantes et loyales mains comme les vôtres ! Au plaisir que j'éprouve de vous voir nommé se mêle un regret; c'est que je n'aurai plus la chance, que je croyais prochaine, de vous embrasser réellement et de me dédommager de tout le temps si long qui nous a séparés. Car vous rentrez en France et vous quittez à votre tour notre vieille conquête qui semble destinée à ne pouvoir garder aucun de ses enfants de prédilection. Je comprends bien au reste qu'on vous appelle là-bas; ils ont besoin d'être compris par les chefs de troupes et ils veulent s'assurer les meilleurs. Allez donc, mon cher ami, où le choix de nos généraux et le sort vous appellent; soyez heureux : la fortune ne vous réservera jamais un plus bel avenir que celui que rêve de bon cœur pour vous votre vieil ami

BOSQUET.

5 août, d'Orléansville.

La promotion du jeune colonel n'étonna personne dans l'armée. Elle avait pourtant souffert quelques retards, parce qu'on aurait d'abord voulu laisser Cassaignolles en Afrique, où les cadres étaient complets. Mais la guerre semblait devoir changer de continent, et il fallait à nos régiments de France des chefs à la fois jeunes et expérimentés. En présence d'éventualités si favorables, malgré le regret de l'Algérie, c'était une double fête de revoir la France. De ce côté se tournaient les pensées et les vœux des officiers d'avenir de l'armée d'occupation. La prise de notre redoutable adversaire avait à peu près pacifié notre belle colonie, qui semblait désormais un champ ouvert aux administrateurs plutôt qu'aux hommes de guerre. Je trouve dans une lettre de M. Charras, du commencement de cette année, les sentiments de nos africains trop heureusement rendus pour que je m'abstienne entièrement de citer :

Eh bien ! Abd-el-Kader est pris ! après avoir si souvent glissé dans nos doigts, l'anguille un beau matin s'y est trouvée si bien serrée qu'elle y est restée. Bonne affaire pour le pays, pour la France à qui il a coûté si cher, mauvaise pour les gens de guerre, pour les vieux légionnaires. Il faudra que les fantassins s'en consolent en cassant des pierres sur les routes, en creusant des fossés, des canaux de dessèchement, d'irrigation, etc. Cela les amusera peu sans doute pour la plupart; mais, au fond, cela vaudra mieux que d'astiquer indéfiniment leur fourniment et de blanchir à mort leur buffleterie, ces deux grandes occupations des fantassins en garnison. Quant aux cavaliers bleus et rouges, ils n'auront pas maille à partir avec le sol, avec la terre, avec le roc. A eux les bonnes garnisons, les bonnes chambres et les bons lits pendant que les autres

Ergo œgre rastris terram rimantur....

à moins qu'Abd-el-Kader si bien pris ne soit mal tenu et ne s'en vienne faire son 20 mars. Auquel cas il y aura grand bacchanal en pays colonisés et autres...

Cassaignolles eut l'avantage de rester à portée de son foyer, dans les deux garnisons de Tarbes et de Niort, dont il parlait toujours avec une chaleur de parole et d'accent qui expliquait assez l'affection universelle dont il se vit si constamment environné.

Il n'est pas facile de déterminer l'influence particulière qui amena sa promotion, d'ailleurs si justifiée par le mérite. Les deux hommes de guerre les plus en vue à cette époque s'en renvoyaient l'honneur, comme je l'apprends d'une lettre curieuse écrite de Paris, dès le 17 août, à Cassaignolles :

Mon cher colonel,

Ainsi que vous m'en avez chargé, j'ai parlé au général Cavaignac de votre gratitude, c'est-à-dire que je lui ai montré tout simplement votre bonne lettre. Le général a reçu avec plaisir ce témoignage de reconnaissance, puis il a ajouté : *Cassaignolles doit d'ailleurs son grade à lui-même.* Sur ces entrefaites est entré le général de la Moricière. Je lui ai dit ce dont il était question, et alors le général Cavaignac a dit que c'était le général de la Moricière qui vous avait nommé. Celui-ci a répondu que vous aviez été promu par son président. Enfin chacun d'eux rejetait sur son voisin le mérite de vous avoir rendu justice. J'ai voulu vous raconter ce petit détail pensant bien qu'il vous intéresserait....

S.....

S'il y a quelque chose de plus glorieux pour Joseph Cassaignolles que ces brillants suffrages, c'est la constance et la générosité de sa reconnaissance. Il n'a jamais parlé de notre héroïque Lamoricière qu'avec l'émotion d'un fils; quant au général Cavaignac, Cassaignolles répondit à sa confiance par un dévouement qui se montra plus que jamais à l'heure où la fortune était passée à un autre nom. La mort seule le délia de cet hommage d'affection et d'honneur, et un souverain qui sait apprécier les hommes, et que notre brave compatriote servit avec non moins de dévouement et d'admiration, a pu voir une fois de plus que les services les plus sûrs ne sont pas précisément les plus affichés et les plus précoces, mais ceux qui sont purs de tout alliage d'ingratitude et d'oubli.

Loin de rapporter son succès à ses mérites, le jeune colonel, en qui la gratitude n'avait d'égale que la modestie, s'était hâté d'envoyer l'expression de ses sentiments reconnaissants à Changarnier et surtout au vieux maréchal qui lui avait ouvert la carrière. Voici les réponses de Changarnier et de Bugeaud :

Gardes nationales du département de la Seine.

Paris, le 20 août 1848.

Mon cher colonel,

Les officiers aussi distingués que vous doivent leur avancement à eux-mêmes. Je suis heureux si j'ai pu contribuer à votre nomination de colonel; elle a été connue avec grand plaisir par toute l'armée d'Afrique.

Je vous remercie de votre excellente lettre. Elle me donne une nouvelle occasion, mon cher colonel, de vous assurer de mes sentiments très distingués et très affectueux.

Le général commandant en chef,
CHANGARNIER.

La Durantie, 20 août 1848.

Mon cher colonel,

Je m'étais réjoui de votre avancement avant d'avoir reçu la lettre par laquelle vous me l'annoncez, en voulant bien m'en attribuer en partie le mérite, lorsque je n'y suis absolument pour rien, si ce n'est pour avoir contribué à vous faire monter l'échelon immédiatement inférieur. Je n'en suis pas moins flatté du sentiment qui vous a dirigé en m'écrivant, il nous honore tous les deux.

Je ne suis pas étonné que Rivet, malgré sa petite ancienneté au-dessus de la vôtre, ait vu votre avancement avec plaisir : c'est une des mille preuves qu'il a données de l'élévation de son esprit. Au reste, il voit dans votre succès le présage prochain de son avancement, et je le désire fort.

Il fallait que nous eussions frappé bien fort et bien juste, notamment dans la campagne de 45 et 46 pour que les Arabes n'aient pas saisi l'occasion de nos troubles et de l'affaiblissement de l'armée d'Afrique pour faire une levée de boucliers générale. Je crois que cela tient à ce qu'ils manquent de chefs assez influents pour concentrer les efforts; peut-être s'en présentera-t-il, et alors recommencera une lutte sérieuse où vous ne manquerez pas, j'en suis sûr, de prendre votre part de gloire.

Recevez, mon cher colonel, l'assurance de mes sentiments distingués et affectueux.

M^al B. D'ISLY.

Le vaillant maréchal était alors, on le sait, loin des régions du pouvoir; il y était revenu lorsque le choléra l'emporta en 1849, et alors même Cassaignolles se tenait quelque peu du côté des vaincus. Mais ses amitiés n'e dépendaient ni de la fortune ni des opinions. Il pleura son vieux bienfaiteur, et reporta sur sa famille ses sentiments d'infatigable reconnaissance. J'en pourrais trouver de touchantes preuves dans plusieurs lettres de la maréchale d'Isly et de son fils, si la discrétion ne me faisait une loi de taire une foule de témoignages de ce genre.

Cassaignolles suivait du reste avec un intérêt fiévreux tous les incidents de cette année historique, où des noms qui lui étaient chers pesaient d'un si grand poids dans les affaires. Je ne veux citer de cette époque qu'une lettre adressée d'Auch à notre éminent compatriote par un homme de guerre non moins éminent, que semblaient attendre de hautes destinées brisées dans la guerre d'Italie par une mort imprévue. On était au milieu des apprêts de l'élection du 10 décembre :

Auch, le 13 novembre.

Mon cher Cassaignolles, j'ai appris par le général que vous aviez reçu comme moi un étendard envoyé de Paris et sans aucun avis préalable du ministre. Dans le premier moment de mon indignation, je voulais écrire une lettre à cheval, mais j'ai réfléchi que nous recevrons sans doute des ordres pour le jour de la fête de la Constitution, et qu'on aura voulu choisir ce jour-là pour faire rendre à nos étendards l'honneur qui leur est dû. S'il en était autrement, je me plaindrais énergiquement, et en attendant je me garde bien de répondre ou d'envoyer un reçu au garde d'artillerie qui s'est chargé de nous expédier nos étendards.

Vous êtes sans doute comme moi à regretter d'être si éloigné de Paris dans un moment aussi intéressant que celui où l'on se trouve actuellement. Je ne serais pas surpris que l'armée de Paris eût quelque chose à faire. Cavaignac et Lamoricière voient arriver l'élection de Louis Bonaparte, ce qui entraîne l'entrée au pouvoir du maréchal Bugeaud qui serait évidemment alors chef du ministère. On assure qu'ils sont décidés à tenir lors même que Louis Bonaparte serait élu, et l'on s'attend par conséquent à de graves événements.

Quoique les luttes de ce genre aient un côté pénible, il n'y a rien de pis, selon moi, que d'être en dehors de ce qui se passe, et je déplore la nullité à laquelle nous sommes condamnés. — Enfin il faut s'y résoudre et attendre le journal comme les bons bourgeois.

Que faites-vous de vos biographies, si vous en avez reçu autant que nous? Je regrette pour Cavaignac qu'il ait donné dans cette rengaîne; je crois que chaque biographie lui enlève au moins une voix.

Adieu, donnez-moi de vos nouvelles et croyez à mon sincère attachement.

J. DE COTTE.

En 1849, un ami de Cassaignolles songea à le proposer aux votes du département du Gers pour l'Assemblée législative. On lui écrivit pour avoir son assentiment; on lui présentait sa candidature comme sympathique à toute la population, on se chargeait de la patronner dans tous les cantons du département.

« Déjà l'année dernière, répondit Cassaignolles, une proposition pareille à celle que vous me faites aujourd'hui me fut adressée en Afrique. Je répondis que, sans être complètement étranger aux débats politiques, je croyais cependant ne pas en avoir assez l'habitude pour être ainsi utile à mon pays. Toujours prêt et ardent à le servir, je crois pouvoir le faire plus efficacement en restant dans ma spécialité de soldat, m'estimant heureux si je puis un jour prouver à mes généreux compatriotes tout le prix que je mets à leur estime. Je préfère encore aujourd'hui céder au même sentiment..... J'estime que chacun doit rester dans la limite des moyens que la nature lui a donnés. Soldat par tempérament, mon éducation militaire me trace mes devoirs consciencieux (1). »

Du reste, le mouvement des affaires politiques et militaires en France et en Europe ne répondant guère à son attente, Cassaignolles ne tarda pas à désirer et à obtenir son rappel en Algérie.

---

(1) Lettre écrite de Tarbes, le 13 janvier 1849.

III

Il est difficile que les dissentiments politiques n'amènent pas
des mécomptes aux ambitions les plus légitimes; la correspondance des jeunes chefs de l'armée d'Afrique avec Cassaignolles
offrent plus de traces de leurs inquiétudes que je n'en voudrais
montrer. Pour lui, il attend sans doute et parfois peut-être avec
quelque impatience ; mais il n'est guère moins préoccupé du
sort de ses camarades et de ses rivaux. A vrai dire, il y eut
un point d'arrêt dans la fortune de nos Africains après 48. Cassaignolles en particulier, après avoir repris la route d'Algérie,
comme colonel du 1er régiment de chasseurs d'Afrique (10 mars
1851), ne devint général de brigade que le 28 décembre 1852(1).
Quelque rapide que puisse paraître son avancement, l'armée en

(1) Ces années ne furent pas oisives; mais les documents officiels que j'ai eus à
ma disposition (en trop petit nombre il est vrai) ne signalent guère d'action impor-
tante où le colonel Cassaignolles ait eu un rôle bien dessiné. Les actes de bravoure
personnelle, qui l'avaient fait remarquer si souvent dans les grades inférieurs, sont
presque toujours interdits par un grand commandement. Voici pourtant un épisode
raconté par le *Moniteur algérien* du 20 octobre 1851.

La tribu des Flissa avait fait défection. Le général Cuny porta son camp près de
leur frontière, le 16 octobre, afin d'établir à cette place une maison de commandement nécessaire pour la sécurité de nos alliés. « Il quitta son camp au jour et en
vue d'un rassemblement qui grossissait. Les cris des Kabyles ne laissaient aucun
doute sur leurs intentions.... Ils se précipitèrent à notre suite. Tout à coup, deux
escadrons du 1er de chasseurs, habilement dirigés par le colonel Cassaignolles,
font demi-tour et s'élancent avec cette ardeur et cette impétuosité qui les caractéri-
sent; les spahis, le goum, sous les ordres du capitaine Péchot, sont à leur hauteur.
Les ruines (d'Aïn-Fassy), l'emplacement du camp, sont en un instant balayés;
50 Kabyles restent sur place, 80 autres qui avaient échappé au sabre sont tués par
le bataillon de tirailleurs indigènes qui arrive au pas de course sur la trace des
chasseurs. En un instant, les Kabyles disparaissent et l'on n'entend plus un coup
de fusil.

» La rapidité du mouvement et la promptitude du coup ont tellement saisi les Arabes que nous n'avons pas eu un seul homme tué. Trois de nos chevaux ont seuls été
touchés. Cette brillante charge rappellera aux Flissa la valeur de nos armes. »

jugeait d'une autre manière. Le général Pélissier lui écrivait quelques jours avant :

Lar'ouat, le 11 décembre 1852.

Mon cher Cassaignolles, et je peste de ne pouvoir vous dire mon cher général, alors qu'on vous préfère..... Mon cher et brave ami, je vous remercie de votre cordial compliment. Je vous rends accolade pour accolade, et bien appuyée, croyez-le. Je désire non moins vivement avoir à vous faire le compliment le plus selon mon cœur; car si vous êtes mon ami, vous êtes aussi depuis un an général. Si je tenais Saint-Arnaud, je risquerais un acte d'indiscipline, moi la discipline carrée. Mais attendons, on a dû en faire le 10. Et peut-être suis-je injuste dans mes déclamations.

Je vous embrasse de cœur, vieil ami.

Gal A. PÉLISSIER.

Et après avoir reçu la nouvelle de sa promotion :

Oran, le 10 janvier 1853.

Mon cher Cassaignolles, vous devez croire que j'ai été aussi heureux que vous de votre nomination. Je pestais du retard; l'événement n'a pu que combler mes vœux. Au revoir, Dieu sait où, mais au revoir. Je vous embrasse bien cordialement, mon très cher général.

Gal A. PÉLISSIER.

Les lettres suivantes, outre l'intérêt qui s'attache toujours à ces confidences intimes d'hommes de talent et de cœur, ajouteront quelques traits à la peinture de la situation.

Mon cher Cassaignolles, une bonne et cordiale poignée de main qui vous dise combien je suis heureux de votre promotion, et doublement heureux après les doutes que vous m'exprimiez tout dernièrement à Alger. Votre nomination est un coup de fortune pour la vieille armée d'Afrique et comme une trève à des préoccupations bien naturelles aujourd'hui. Donc il y a aussi à se réjouir publiquement, et je vous achève mon compliment en vous embrassant sur les deux joues en

vieux frère d'armes qui vous garde au fond du cœur ses meilleurs
sentiments d'estime et de chaude amitié.

> 12 janvier 1852. — De Sétif.

> BOSQUET.

Que devenez-vous? Votre lettre de service sera-t-elle pour la
France ou pour l'Afrique? Amitiés et bons souvenirs autour de vous à
Rivet et Durrieu (1) qui vont porter votre deuil si vous vous éloignez
beaucoup d'Alger.

> Palais de l'Elysée, 18 décembre 1852.

Mon cher ami, de tous côtés on m'annonce votre promotion : je
vous embrasse......
.... La France est lancée dans les airs, mon bon ami : si
elle tombe, elle se cassera le cou; et vous et moi et tous les hommes
de cœur nous nous ferons tuer pour la relever, sans distinction d'opinion... Ralliez-vous donc, faites comme nous. C'EST L'EMPEREUR QUI
A VOULU VOUS NOMMER.....

Le reste à Paris : venez-y; nous referons notre vie à deux jusqu'à
ce que vous soyez casé, et nous crierons encore ensemble : Vive la
France !

> G. CARBUCCIA.

> Paris, 1er février 1853.

Mon cher général, j'ai appris avec une très vive satisfaction votre
nomination au grade d'officier général. C'est une juste récompense de
votre dévouement aux intérêts de l'armée, et en particulier des services que vous avez rendus en Algérie.

Je crois que votre désir de rester dans cette contrée est très bien entendu, et je ne mets pas en doute qu'il ne soit pris en considération.
Vous trouverez ainsi le moyen d'ajouter de nouveaux titres à l'estime
et aux sympathies publiques. L'expérience que vous ne pouvez manquer d'acquérir dans l'exercice de fonctions élevées vous préparera à
des éventualités qu'il est permis de prévoir; et si l'Europe devient encore un théâtre de guerre, cette expérience y trouvera un utile emploi.

Quant à moi, mon cher général, je suis selon toute apparence arrivé

---

(1) Un des plus intimes amis du général Cassaignolles, neveu du général Durrieu,
des Landes.

au terme de ma carrière ; mais s'il m'était réservé de prendre encore les armes pour la défense de mon pays, vous seriez un des compagnons d'armes dont je réclamerais le concours avec le plus d'empressement et de confiance.

Quoi qu'il puisse arriver, au surplus, votre amitié me sera toujours très chère ; je vous prie d'en agréer l'assurance et de croire à la constance de mes dévoués sentiments.

OUDINOT, duc de Reggio.

Biskra, le 16 janvier 1853.

Mon cher Cassaignolles, vous êtes un bon ami, et j'éprouve plus de joie de votre nomination que de la mienne. En vous faisant général, on répare un oubli ; je suis l'objet d'une faveur en recevant la croix de commandeur.....

Vous restez en Algérie : tant mieux ! elle a besoin d'hommes comme vous, et si j'en juge par mes sentiments, vous ne devez pas désirer un emploi en France, où le devoir me semble moins facile que sur cette terre d'Afrique, à laquelle on peut se donner tout entier.....

Vous allez donc quitter vos ombrages de Mustapha, votre villa mauresque ! Je n'oublierai jamais que, près de vous, j'y ai trouvé la paix du cœur, loin des déchirements de notre pays. Ces quelques mois me restent au cœur, et dans ma solitude de Batna je me prends à penser souvent à cet heureux temps, un des plus calmes de ma vie...

D......

Cassaignolles devait quitter, en effet, la villa algérienne où il s'était fort agréablement installé et où tant d'amis avaient goûté le charme très apprécié de sa société. Il était appelé au commandement de la subdivision de Milianah, où l'attendaient des travaux fort nombreux et fort assujétissants. Il s'y dévoua tout entier, montrant pour l'organisation coloniale une aptitude et un zèle non moins remarquables que ses qualités militaires. La route de Milianah à Alger, aussi nécessaire pour la prospérité du pays que pour les intérêts du gouvernement, était inachevée ; il en activa les travaux avec une vigueur nouvelle. L'amélioration de la race chevaline, une des principales préoccupations des gouverneurs de l'Algérie, trouva chez lui un promoteur intelligent et infatigable : inspections, encouragements, demandes de récompenses ou d'indemnités, correspondances, missions pour achats de beaux étalons, il employa tous les moyens pour favoriser et développer dans sa circonscription l'élevage du cheval, et le succès répondit à ses efforts. Ses rapports avec les chefs arabes furent pleins de prudence et d'aménité ; il les rattacha de plus en plus à notre cause par ses bons services, et il obtint d'eux à plusieurs reprises les témoignages les plus touchants de dévouement et de gratitude. Sa correspondance épistolaire avec le général Randon, gouverneur général de l'Algérie, était des plus suivies, et de part et d'autre animée par de vifs sentiments de confiance et d'affection. Madame Randon, qui honorait J. Cassaignolles d'une très particulière estime, n'omettait, de son côté, aucune occasion de lui en adresser l'expression, et je ne saurais dire avec quelle vivacité de reconnaissance y répondait l'excellent général.

Le plus fréquent usage qu'il fit alors de son influence fut au profit des transportés ses compatriotes. Sans souci de sa réputation politique encore mal établie, il prodigua des soins vraiment fraternels et très publics à ces infortunés. Je pourrais citer de lui des notes, des rapports, des lettres écrites à plusieurs personnes en France et en Algérie pour améliorer le sort ou obtenir la grâce de plusieurs. Je sais, du reste, que nos exilés n'ont pas manqué une occasion de dire les bontés du général Cassaignolles à leur égard, et j'en appelle à leur témoignage en toute confiance. Mais ce serait méconnaître son généreux désintéressement et altérer profondément la vérité des faits que de voir dans ces actes d'humanité une adhésion quelconque à des principes fort opposés aux siens.

Malgré les résultats heureux et applaudis de son administration, il ne resta pas longtemps à ce poste. Sa santé altérée, le désir de consacrer plus de temps à sa mère, enfin quelques autres motifs qui m'échappent, mais qui eurent l'approbation de ses meilleurs amis, du général Pélissier par exemple, le portèrent à demander sa mise en disponibilité. Il l'obtint le 5 octobre 1853, et, s'arrachant à ses amitiés d'Afrique, vint passer à Vic-Fezensac la fin de l'année. L'ami très distingué dont je viens de citer une lettre lui écrivait à ce sujet : « Tout en vous approuvant beaucoup d'avoir pensé à votre mère, je ne puis cependant m'empêcher de regretter votre éloignement de l'Afrique. Outre l'utilité pour ce pays de posséder des hommes comme vous, il me semble que l'on y respire plus à l'aise. Enfin, que votre volonté soit faite ! Mais que les doux loisirs du Midi ne vous laissent pas oublier ceux qui vous aiment ici... Si la guerre éclate, et qui peut en dire la fin? on vous arrachera à votre repos, et l'on vous donnera le commandement d'une brigade de cavalerie. Je le souhaite pour elle et pour vous (1). »

Tel était le langage de tous les militaires qui connaissaient Cassaignolles. L'événement ne tarda pas à leur donner raison.

(1) Lettre du 14 octobre 1853.

IV

Le général Cassaignolles rentra en activité le 1er janvier 1854 et reçut le commandement de la subdivision de l'Oise ; moins de deux mois après (25 février), il était désigné pour prendre part à la guerre de Crimée. Dans cette campagne, il commanda successivement trois brigades de cavalerie, sans prendre jamais une part active aux opérations militaires, sans même paraître sur le théâtre de la guerre. Il fut condamné à recevoir dans son paisible séjour d'Andrinople et de Constantinople les détails du long siége de Sébastopol, dont son éminent ami, le général Morris, lui envoyait un journal à peu près suivi.

Une peine plus vive encore que cette inaction forcée, c'était la perte de plus d'un compagnon de ses campagnes d'Afrique, de plus d'un ami de cœur dont il ne lui fut pas permis de fermer les yeux. Aucun ne lui coûta plus de regrets que son excellent camarade Rivet, tué au siége de Sébastopol le 8 septembre 1855. Rivet avait été le plus intime confident de Cassaignolles ; si notre compatriote eut quelques autres amis aussi chauds, il me semble qu'il n'avait été avec aucun en aussi entière communauté d'idées et d'affections. Il l'avait toujours suivi dans la carrière, dirigé et soutenu de ses conseils et de ses encouragements, relevé par ses lettres rudement amicales aux heures de trouble et de mélancolie. « Rassurez-vous, lui répondait en janvier 1849 Rivet, nommé colonel du 8e de hussards, je n'ai pas eu la moindre pensée d'hésitation... Je suis de l'armée des Alpes, et sous les ordres de mon illustre maréchal, c'est trop de bonheur à la fois. Je ne me dissimule pas toute l'étendue, toute la difficulté des nouveaux devoirs que je vais avoir à remplir ; j'y mettrai toute mon énergie, toute l'activité, tout le feu sacré que vous me connaissez ; je confierai le reste à la garde de Dieu. Votre lettre m'a été au cœur, vous m'avez donné une preuve touchante d'affection et de dévouement. Ecrivez-moi encore et souvent. Vos lettres ranimeraient mon courage, si je venais à en manquer. »

Un boulet russe brisa ces liens si chers ; non moins affligé de cette perte, le général *** écrivait peu après à Cassaignolles :

.... Vous saviez de quels vifs regrets j'accompagnerais la mémoire de ce brave général Rivet, et vous avez cru avec raison qu'un témoignage de sympathie m'arrivant de vous dans ce moment me serait particulièrement agréable à recevoir. J'avais pour Rivet cette amitié que tous ceux qui l'ont connu lui ont portée, et je ne puis m'empêcher parfois de regretter de lui en avoir donné une preuve si franche et si désintéressée lorsque, pendant mon dernier voyage à Paris, j'ai, pour seconder ses désirs, fait les démarches les plus actives jusqu'auprès de l'Empereur pour lui faire avoir une destination à l'armée d'Orient. Je faisais abnégation de mes propres convenances et de mes sentiments personnels en me privant de ses services, mais je ne voulais pas que ces considérations pesassent dans sa destinée... Quelque glorieuse qu'ait été sa mort, je n'ai pu que la déplorer bien amèrement. Si un deuil public pouvait diminuer un pareil chagrin, le nôtre aurait éprouvé cet adoucissement ; car il n'est pas possible d'avoir laissé de meilleurs, de plus tendres souvenirs, que ce bon général. Hélas! il n'a pas été le seul de nos amis qui ait trouvé une honorable mort sous ces murs de Sébastopol, et la nomenclature de ceux que nous avons perdus est lamentable. Puissions-nous désormais applaudir à vos succès, à vos victoires, sans avoir tant de larmes à verser!...

On ne me reprochera pas d'avoir fait cette place à un des meilleurs amis de Cassaignolles dans sa biographie : il me semble d'ailleurs qu'une part lui revient des éloges décernés à un homme qui lui fut si attaché. Et puis ces confidences, parties de si bon lieu, ne font-elles pas aimer à la fois l'ami perdu et les amis qui survivent ? Le même illustre général écrivait le 20 avril 1856 à notre compatriote :

Il me tarde de voir rentrer cette vaillante armée de Crimée, qui n'a rien de mieux à faire que de revenir en France et en Afrique du moment qu'elle n'a plus d'ennemi à combattre dans la Chersonèse. Je serai heureux de revoir nos régiments africains pur sang, et nous leur ferons le plus chaleureux accueil. Je ne puis former le vœu de vous recevoir à leur tête, parce que je pense que vous préférez rentrer en France par les mêmes raisons qui vous y ont appelé quand vous commandiez à Milianah : c'est un vif regret pour moi et que ne combat qu'imparfaitement l'intérêt si vif que je vous porte.

Peu de temps avant de retourner en France (19 avril 1856), Cassaignolles avait reçu le commandement de la 3e brigade de cavalerie de la garde impériale, chasseurs et guides. Il passa dans le calme d'un séjour charmant, à Fontainebleau, les années de paix qui précédèrent la campagne d'Italie. Dès le début de cette guerre, il fut désigné pour l'expédition avec sa brigade. Il serait difficile autant qu'ennuyeux de le suivre dans toutes les péripéties de ce grand drame militaire. Mais il est deux actions, les plus considérables de la campagne, Magenta et Solférino, où il eut l'honneur de se distinguer par des mouvements importants. Il suffira d'en donner une idée d'après les documents les plus sûrs.

La journée du 4 juin 1859 commença, comme on le sait, par un mouvement des grenadiers de la garde qui étaient sortis de leur campement dès 8 heures du matin pour marcher sur San Martino; la brigade Cler les suivit à 10 heures, accompagnée de deux escadrons des chasseurs de la garde commandés par le général Cassaignolles. Quand ces derniers arrivèrent, vers 11 heures, sur San Martino, l'artillerie avait déjà joué de part et d'autre; mais les généraux Mellinet et Regnaud de Saint-Jean d'Angély, qui les suivirent de près, firent cesser le feu. On attendit ensuite, jusqu'à près de deux heures, qu'une canonnade annonçât l'approche de Mac-Mahon pour engager sérieusement l'attaque. Elle fut rude et brillante, malgré les inquiétudes que laissaient à l'Empereur et aux généraux qui l'entouraient l'éparpillement des forces sur un trop vaste espace et l'absence de toutes nouvelles des divisions Canrobert et Niel. A 2 heures et demie, Ponte Nuovo di Magenta était emporté, et les grenadiers et les zouaves de la garde marchaient sur Magenta, quand éclata la contre-attaque des Autrichiens. Un combat partiel s'organisa près de Ponte Nuovo, que Giulay voulait faire reprendre pour nous empêcher d'atteindre les derrières de la position de Clam-Gallas devant Magenta.

La division Reischach, précédée de la brigade Lebzeltern, marcha sur les trois bataillons qui gardaient Ponte Nuovo et auxquels un quatrième vint se joindre à l'heure même. Lebzeltern chargea si impétueusement que les Français reculèrent vers Ponte Nuovo, sous le feu des tirailleurs ennemis, aux mains desquels ils laissèrent un canon rayé. Le général Cassaignolles, à la tête de 110 chasseurs de la garde à cheval, se jeta alors « avec un souverain mépris de la mort (1) » sur les tirailleurs autrichiens. Il ne put arrêter qu'un instant l'élan de l'ennemi; son petit détachement, après avoir beaucoup souffert, dut chercher un abri sous les maisons de la station de Ponte Nuovo, puis repasser le pont. Mais cette diversion donna aux grenadiers et aux zouaves de la garde le temps de se retrancher sur la rive orientale du canal. Il était 4 heures. Dès lors les Français postés à Ponte Nuovo purent garder la défensive.

Telle fut cette manœuvre, aussi habile qu'héroïque, qui sauva quatre bataillons français et arrêta sur un point important un commencement de déroute. On peut lire ailleurs la marche décisive de Mac-Mahon et de Niel et la prise laborieuse de Magenta qui détermina vers 8 heures du soir la retraite générale des Autrichiens.

Cassaignolles fut désigné à la suite de cette journée pour le grade de général de division qu'il ne devait obtenir qu'après Solferino. Je sais qu'il regrettait de n'avoir pas eu un pareil commandement à cette dernière action, où il avait trouvé quelque temps

1) Ce sont les expressions de la *Campagne d'Italie*, par Ruston, relation allemande très circonstanciée, dont j'ai sous les yeux des fragments de traduction inédits.

autour de lui l'attaque trop lente. Il y était avec la cavalerie de la garde impériale sous les ordres du général Morris, qui fut mis vers le milieu de la journée à la disposition du général de Mac-Mahon, duc de Magenta, commandant le 2e corps. C'est vers 3 heures, quand les positions ennemies avaient été enlevées l'une après l'autre, que Cassaignolles reçut du général Morris l'ordre de faire une charge sur la cavalerie autrichienne; l'impétuosité de ce mouvement repoussa la colonne ennemie qui menaçait de tourner la droite de la cavalerie de la garde (1).

Un de nos généraux les plus distingués, qui prit une part fort brillante à la campagne d'Italie, écrivait à notre compatriote entre les deux batailles un billet que je veux citer comme une preuve charmante de la modestie de ce dernier :

Milan, le 8 juin 1859.

Mon cher Cassaignolles, ce matin je ne connaissais pas les détails de l'engagement des chasseurs de la garde à Magenta. Vous m'aviez laissé ignorer la part que vous y aviez prise; mais le commandant de M*** que j'ai rencontré, m'a dit que le général Cassaignolles avait été *admirable*. Je n'en suis pas étonné le moins du monde, mais j'en suis fort heureux. Je vous envoie mon compliment, et j'attends avec plus d'impatience que jamais votre promotion.

Amitié dévouée.

D......

C'est le même général, déjà cité plus haut, et dont la discrétion m'engage, bien malgré mon cœur, à taire le nom, qui écrivait à son ami peu avant la guerre d'Italie :

Batna, le 11 mars 1859.

Mon cher Cassaignolles, j'ai eu grand plaisir à recevoir votre lettre, elle me vient d'un bon ami, d'un cœur chaud, d'un officier que j'ai toujours considéré comme le premier de notre arme.

(1) Rapport du maréchal commandant en chef le 2e corps. 26 juin.

Je ne sais pas ce que l'on veut faire de moi, mais je vous le dis du fond du cœur, si par hasard je dois être nommé général de division, ma joie ne sera complète qu'à la condition que vous serez de la même promotion ; depuis longtemps votre mérite vous désignait pour ce grade...... Combien je désire presser votre main loyale et causer avec vous des ombrages de Mustapha!

Batna, le 24 mars 1859.

. Mon excellent ami, je suis triste et joyeux : triste d'être nommé avant vous à un grade que vous méritez bien mieux que moi ; joyeux de votre tendre et constante affection.....

Je plaindrais quiconque pourrait voir sans attendrissement et sans admiration cette expression éloquente d'un noble et tendre cœur. On conviendra qu'elle ne témoigne guère moins en faveur de l'homme qui excite de telles sympathies, et l'on ne s'étonnera pas que l'armée tout entière ait accueilli avec la faveur la plus marquée sa nomination au grade de général de division, le 27 juin 1859.

V

De 1859 à 1863, le général Cassaignolles commanda la division de Toulouse. C'est dans ces années que ses plus vieux amis ont pu jouir avec quelque suite de son voisinage et apprécier de plus en plus son noble caractère. Accessible et affable surtout aux militaires, il resta militaire lui-même et ne se répandit jamais beaucoup dans le monde. A défaut des fêtes et des réunions bruyantes qu'il n'aimait point, il trouvait ses meilleurs plaisirs dans l'intimité de ses collègues. Il se plaisait aussi à se rapprocher de la vie de famille, dont sa carrière aventureuse l'avait exclu; et il en trouvait tout le charme, relevé du double attrait d'une vieille affection et d'un rare mérite, auprès de ses parents, Mme de Villeneuve et M. de Bréthous. Il leur rendait bien l'affection dont il était l'objet, et la salutaire influence de ce calme et pur milieu ajoutait encore à ce qu'il y avait d'affectueux et d'élevé dans son âme. Les pauvres apprirent de jour en jour davantage le chemin de son hôtel, et je sais que ses serviteurs s'étonnaient des abondantes générosités qu'il renouvelait plusieurs fois dans la semaine. Lui-même reprit le chemin un peu oublié de l'église, et, pendant tout son séjour à Toulouse, ne manqua jamais d'assister le dimanche à la messe, sans compter les cérémonies du soir où il se rendait souvent, sans cachotterie comme sans ostentation. Quelque orageuse qu'eût été sa vie, le souffle désolant de l'impiété n'avait pas atteint son âme franche et généreuse. Au moment de la guerre d'Orient, il se faisait recommander aux prières d'un ecclésiastique que je pourrais nommer. Mme de Villeneuve l'avait suivi avec une sollicitude toute chrétienne dans sa périlleuse carrière. Quelques jours avant Magenta, elle lui avait écrit de mettre toute sa confiance en Dieu; elle lui avait remis une chaîne bénite et une relique de saint François Xavier, en grande vénération dans sa famille, et elle attribue à une visible protection du ciel le bonheur du général, épargné par plusieurs coups de feu qui passèrent tout juste entre son aide de camp et lui, quoiqu'ils se tinssent à peu près côte à côte. Enfin, plus tard encore, lorsque la santé si affaiblie de l'excellent général inspirait à sa mère des craintes trop fondées, celle-ci, toujours inquiète, sans oser le dire, de l'âme de son fils, le surprit un jour dans sa chambre, le regard fixement attaché sur une petite image encadrée : c'était son souvenir de première communion. Mme Cassaignolles, à son tour, regarda attentivement son fils et crut voir des larmes dans ses yeux. Elle sortit sans rien dire, mais son inquiétude fut dès lors soulagée; et l'on verra plus bas qu'à l'heure du deuil suprême, elle a reçu la seule consolation que puisse accueillir sur la tombe d'un fils une mère vraiment chrétienne.

L'affection profonde du général pour sa mère était un de ses traits caractéristiques. Non content de s'inquiéter sans cesse de sa santé, de répondre à ses moindres désirs, de lui ménager d'aimables surprises, il avait besoin de la faire apprécier de tous ses amis. Combien de fois Mme Cassaignolles n'a-t-elle pas reçu la visite d'officiers connus de son fils! Quels gracieux échanges de cadeaux et de délicates attentions entre Vic-Fezensac et les plus lointaines vallées de l'Algérie ! « Je suis bien content, écrivait à Cassaignolles le bon Carbuccia, que mes dattes aient été de votre goût; j'espère bien que vous n'aurez pas oublié votre digne, votre excellente mère dans la distribution et que cela a eu lieu en mon nom; autrement, je vous préviens que je ne vous envoie plus rien! » D'autre part, je pourrais citer les remercîments pleins d'effusion du général Randon, gouverneur général de l'Algérie, pour les beaux fruits qui lui arrivaient de Gascogne. Qu'on me pardonne ces détails familiers; je ne sais rien de plus touchant que ces douces affections dans des âmes guerrières, ce sourire humain sur de mâles visages.

Après les fragments épistolaires dont j'ai semé ces pages, je n'ai pas besoin d'insister sur la bonté qui caractérisait Cassaignolles. « Vous êtes le meilleur des amis et le meilleur cœur que je connaisse au monde, » lui écrivait un de ses camarades, et c'était l'appréciation de tous. Il s'attachait sans arrière-pensée et faisait de l'intérêt de ses amis le sien propre, toujours prêt à applaudir à leurs succès, à ranimer leur confiance souvent abattue par un mécompte, à leur révéler leur propre valeur et l'avenir qui les attendait. Il avait à un rare degré ce don d'intuition, que la modestie de ses illustres amis pouvait seule méconnaître. Lisez plutôt cette lettre écrite en 1848 :

Mon cher Cassaignolles,

En vous adressant mille remercîments pour vos compliments de bon camarade, laissez-moi vous dire que ma promotion m'a laissé au cœur un sentiment de tristesse que vous devez comprendre. Tout cela est allé trop vite et par trop exceptionnellement. L'imagination et l'amitié du général de la Moricière l'ont aveuglé, et je suis fort loin d'être de son avis. Il fallait attendre et surtout me donner compagnie le jour où l'on aurait jugé que le tour était venu. Cela eût été juste d'abord et ensuite prodigieusement facile. Je ne me consolerais pas de tout ceci, si j'avais dû y perdre l'affection d'un seul de mes vieux camarades. Heureusement ils me connaissent assez pour ne pouvoir à ce sujet avoir la moindre mauvaise pensée à mon égard.

Je suis fort loin aussi de me faire illusion; un grade ne change pas l'homme. Et je ne voudrais pas prendre charge qui me fît fléchir sous le poids.

Croyez-moi, mon cher ami, votre seconde vue vous trompe; et sans l'amitié que vous voulez bien me conserver, je croirais que vous voulez rire et faire des châteaux en Espagne.

Vous ne me dites rien de vous, du pays que vous habitez; je sais que vous êtes près de votre mère et je suis heureux du bonheur qui vous en revient. Cela me donne à penser que ces bonnes journées que vous

devez passer près d'elle valent bien mieux que toutes celles qu'on pré-
pare pompeusement avec des fers dorés qu'on met aux pieds des gens.

Adieu, mon cher ami, conservez-moi votre vieille amitié, et songez
que vous êtes aujourd'hui plus heureux que vous ne le serez jamais.

A vous de cœur.

BOSQUET.

15 octobre. De Mostaganem.

L'excellent général avait conquis les plus vives et les plus enthou-
siastes amitiés dans tous les rangs de l'armée. Les preuves abon-
dent entre mes mains, et le choix ici me paraît impossible. Je ci-
terai pourtant encore un nom et deux lettres, ne fût-ce que pour
payer ma dette de regret sympathique à un écrivain dont le dernier ouvrage a expié ce qu'eurent de trop léger quelques-uns des
premiers, et dont la vie vouée à la guerre a été tranchée si ino-
pinément en pleine paix par un vulgaire accident. Il me semble
qu'on ne peut lire les lignes suivantes sans aimer, sans regretter
le poétique et généreux auteur des *Commentaires d'un soldat*.

Mon colonel,

J'ai l'honneur de vous adresser les pièces concernant le nommé M.
qui veut devenir spahis. Je saisis une occasion de vous rappeler un
officier qui serait enchanté de se faire casser bras et jambes pour vous,
quoique vous lui refusiez des chevaux et qu'il n'ait pas encore eu le
bonheur de servir sous vos ordres.

Je suis avec un dévoûment respectueux, mon colonel, votre subordonné.

Paul de MOLÈNES.

Mon général,

Je professe pour vous une affection déjà si ancienne, et vous m'avez
toujours témoigné une si profonde bienveillance que je n'ai pas voulu,
quand j'ai été nommé chef d'escadron, vous envoyer une lettre banale
de faire part. Je me suis réservé de vous écrire à une époque où je serais assis déjà dans mon nouveau grade, et où je pourrais vous donner

quelques détails sur une existence à laquelle vous voulez bien vous intéresser.

Depuis la campagne d'Italie, j'ai mené constamment la vie régimentaire. Je me suis mis à étudier dans ses détails le métier que j'avais essayé de voir sur quelques champs de bataille. J'ai eu le bonheur d'être bien noté dans mon corps et de passer de bonnes inspections.

Je suis maintenant établi avec ma femme, à Limoges, dans une petite maison au fond d'un grand jardin, qui a une vue magnifique et qui est voisine du quartier. J'ai dans mon écurie une bête vigoureuse, bien bâtie, que je monte tous les jours, et je médite l'achat prochain d'un cheval de sang. Je fais des armes tous les jours, comme par le passé, et mon dévouement pour vous, mon général, étant aussi ce qu'il pouvait être à Mustapha, en Crimée et à Fontainebleau, il me semble que j'ai peu changé.

Ce que je souhaiterais bien vivement, ce serait quelque occasion qui me replacerait sous vos ordres. Parmi les passions auxquelles je suis resté fidèle, je mets au premier rang ma vieille passion pour la guerre. J'espère, malgré le tour philosophique et parlementaire que certaines gens voudraient voir prendre à la politique, qu'on est loin d'en avoir fini avec l'ère des coups de canon.

Enfin, mon général, je saluerai avec joie, quel qu'il soit, le lieu où j'aurai l'heureuse fortune de vous retrouver. En attendant, vous me causeriez un très vif plaisir si vous aviez la bonté de répondre à cette longue lettre.

Je suis avec un profond respect, mon général, votre très dévoué subordonné.

Paul de MOLÈNES,

Chef d'escadrons au 2e chasseurs, Limoges.

J'aurais pu citer des témoignages aussi précieux de franche amitié des généraux Canrobert, Tartas, Trochu, sans parler de MM. Desvaux, de Noue, de Montebello, Anatole de Montalembert, de Fénelon, Saiget, etc. On s'étonnera que je n'ai pas fait connaître plutôt le général Cassaignolles par ses propres lettres. C'est que je n'en ai eu presque aucune à ma disposition. Je le regrette vivement pour l'intérêt de ces humbles notes biographiques. D'après le peu que j'en ai vu, le style épistolaire de notre éminent compatriote pouvait manquer parfois de cette exacte correction, de cette netteté ferme et brillante, qui indique la rare réunion de riches facultés et d'études complètes. Mais il avait à la fois la bonne gaîté française, ou, si l'on aime mieux, la verve gasconne féconde en saillies, et l'accent du cœur qui touche, qui remue, qui élève, qui console. « Ecrivez-moi donc de votre bonne encre, » lui mandait un jour un des hommes les plus spirituels de l'armée, le colonel Charras; et bien d'autres avaient l'habitude d'applaudir à l'entrain de ses causeries écrites ou parlées. Mais le charme de sa conversation venait surtout de qu'il avait le cœur sur les lèvres — un vrai cœur d'ami, noble, chaud, dévoué. — C'était cette tendresse native qui donnait au besoin à sa parole écrite un charme puissant de sympathie et de consolation. « Vous avez, mon cher ami, lui écrivait un colonel désolé de la perte d'un proche parent, jeune militaire de grande espérance, vous avez des paroles nobles comme votre cœur et qui sont bien douces pour ceux qui restent. Ma famille tout entière vous remercie et vous bénit pour ce que vous avez fait et ce que vous avez dit, pour l'adoucissement que vous avez apporté à son chagrin. » Je pourrais multiplier les témoignages, mais tous ceux qui ont connu Cassaignolles lui ont rendu justice en l'appelant un homme de cœur.

Ce n'était pas moins un homme d'esprit. Une vive intelligence brillait dans son regard et animait sa parole. Il ne l'avait pas étendue à une foule d'objets, et son métier fut toujours sa seule étude profonde et sérieuse. De ce côté, sa réputation fut bientôt faite et ne cessa de grandir. Il avait de son état la passion, le talent et l'expérience, soldat parfait et complet, cavalier amoureux de son arme, chef vigilant et d'une équité à l'abri de toute influence, inflexible pour le bon ordre, mais par sa franchise et son esprit de justice apprécié et chéri de ceux mêmes qu'il avait à punir; dans l'action, doué d'un sang-froid, d'un coup d'œil, d'un entrain, d'un mépris de la mort, auxquels tous ont rendu hommage; « homme de guerre en un mot, » conclut la notice que lui a consacrée le

Moniteur de l'Armée (1). Mais il n'a voulu rester entièrement étranger à aucune des études où se distinguaient tel et tel de ses bons camarades. Carbuccia lui adressait fidèlement des copies de tous ses mémoires sur l'archéologie et l'épigraphie africaines, et lui-même faisait recueillir et confiait aux savants de l'armée les médailles et les débris antiques découverts autour de lui. Je pourrais dire avec quelle finesse indulgente il appréciait les timides essais que lui envoyait un de ses parents. Je me rappelle surtout avec quelle parfaite compétence il me parlait du caractère et des exploits de Monluc, à propos d'un article sur la dernière édition des Commentaires donnée par M. Alphonse de Ruble (2). Il me prouva une fois de plus que ce ne sont pas précisément les gens de lettres qui savent le mieux lire avec intelligence et atteindre le vif des hommes et des choses sous l'enveloppe des formes littéraires. Il parlait avec le même intérêt sérieux et pénétrant de l'*Histoire de César* qui venait de paraître, et marquait très nettement, dans le vaste tableau par où s'ouvre cet ouvrage, les points saillants et lumineux qui éclairent la marche des révolutions de Rome depuis ses origines jusqu'à l'agonie de la République.

Il ne fallait qu'approcher Cassaignolles pour éprouver quelque chose du charme qui le rendit populaire partout où il se fixa quelque temps. Mais ce qui dominait toutes ces qualités éclatantes, c'était la modestie la plus sincère, la simplicité la plus naturelle. Il ne parlait jamais de ses actions d'éclat; et, si bien des faits manquent à ces pages, c'est que les meilleurs amis du général n'en avaient reçu de lui ni récit, ni document. Dans ses papiers même, où abondaient les lettres signées de noms aimés et célèbres, sauf deux ou trois vieux numéros du *Moniteur de l'Armée*, pas la moindre trace de ses citations qu'il m'a fallu pêcher à grand'peine dans une collection incomplète du *Moniteur*. Il ne redoutait rien tant que de paraître; et son premier soin en voyage était de recomman-

---

(1) Article nécrologique de M. H. **Hennet**. *Mon. de l'Arm.*, 1er avril 1866.
(2) *Revue de Gascogne*, t. VI, p. 293.

der à ses amis de ne point faire connaître son nom ou ses titres. En dehors des circonstances officielles, il n'a jamais fait montre de ses nombreuses décorations si noblement conquises : il était grand officier de la Légion-d'honneur (1) et de l'ordre des SS. Maurice et Lazare, décoré de 3e classe de l'ordre du Medjidié de Turquie, chevalier compagnon de l'ordre britannique du Bain, etc.

(1) 10 septembre 1864. Il avait été fait chevalier le 20 avril 1839, officier le 20 août 1845, commandeur le 29 décembre 1854.

VI

C'est à la levée du camp de Châlons où il commanda la division de cavalerie qu'il reçut le titre de grand officier. Il avait quitté le commandement de la division de Toulouse en 1863 pour résider à Paris comme membre du comité consultatif de la cavalerie. Peu après il fut nommé président de ce comité et à ce titre membre de la commission mixte des travaux publics. Il prit une part très active aux inspections générales de cavalerie en 1864 et 65. Enfin son état maladif, trop longtemps dissimulé, lui fit demander d'être relevé des fonctions de la présidence qu'il ne pouvait plus exercer. Il fut fait droit à sa demande dans les premiers jours de janvier 1866, deux mois avant sa mort.

Sa santé avait subi les deux années précédentes d'irréparables atteintes. Les inspections de cavalerie qui l'occupèrent l'été passé achevèrent le mal. Il faut l'avoir entendu lui-même raconter les souffrances atroces qu'il endurait stoïquement, restant les journées presque entières à cheval, malgré la débilité de son estomac qui supportait à peine la plus légère nourriture. Les jours qu'il passa, dans l'automne de 1865, à Vic-Fezensac, furent employés à soigner une maladie d'entrailles qui parut céder un peu à l'influence du repos et de l'air natal. Mais l'amélioration n'était pas profonde, et peu après la rentrée du général à Paris, son état s'aggrava sensiblement et dégénéra en une méningite mortelle. Il souffrit durant plusieurs jours des tourments effroyables avec une constance aussi digne d'admiration que la bravoure qu'il avait déployée sur tant de champs de bataille.

Aucun secours ne lui manqua. Deux religieuses le veillèrent

dans ses derniers jours de souffrance; et pendant toute sa maladie, Pagès, ancien militaire, depuis plusieurs années attaché à son service, lui prodigua ses soins avec une affection qui était plus d'un fils que d'un serviteur. J'acquitte la dette de la famille du général, j'obéis surtout aux désirs les plus formels de sa digne mère en rendant un hommage public au dévouement de cet excellent homme.

Les remèdes étaient impuissants à réparer les ravages du mal. L'aide-de-camp du général en avait les déclarations formelles des hommes de l'art; il n'osait trop le dire à son chef si aimé, mais il n'hésita pas à prendre des mesures pour le bien de son âme. Le mercredi, 7 mars, M. l'abbé A. Riche, prêtre de Saint-Sulpice (1), se présenta devant le lit du malade : il fut reçu avec plus que de la bienveillance. «Docteur, disait bientôt après le général au médecin qui le soignait, voici le médecin de mon âme. » Il se confessa dès cette première entrevue et reçut le lendemain matin tous les sacrements des mourants dans la plénitude de ses facultés. Il n'est pas besoin d'ajouter, pour quiconque a pu seulement entrevoir Joseph Cassaignolles, qu'il accomplit cet acte suprême avec la franchise et la générosité qui le caractérisaient. Sa dernière parole fut dite à son confesseur à l'adresse de sa mère : « Pauvre mère! »

L'excès des souffrances ayant peu à peu émoussé son énergie physique, il eut une agonie assez douce. Son dernier soupir fut reçu, le samedi matin, 10 mars, par M. H. Drême, premier avocat général à la cour d'Agen, son parent et son ami, qui s'était rendu près de lui peu de jours avant et qui accompagna ses restes jusqu'à Vic-Fezensac. Le funèbre dépôt arrivait à la gare d'Auch le lundi, à 2 heures après midi. Vers 5 heures, la voiture qui l'avait reçu à Auch atteignait Vic. Le maire et le corps des pompiers de cette ville étaient allés à sa rencontre jusqu'à une demi-

(1) Auteur de l'excellent ouvrage : *Le Catholicisme considéré dans ses rapports avec la Société* (in-8° de XXVI et 506 p. Paris, A. Le Clère, 1866), qui vient d'être honoré d'une lettre pontificale des plus flatteuses. Voyez les *Études* des PP. Jésuites, juillet 1866, p. 429.

lieue. De toutes parts, les travaux avaient été suspendus spontané-
ment, et la population entière était sur pied. Le cercueil fut déposé dans le salon de la maison paternelle, transformé en une sorte
de chapelle ardente; les pompiers firent la garde à la porte toute
la nuit.

Soucieuse à l'excès, au milieu de sa douleur, de rester fidèle
aux habitudes de simplicité et de modestie du général, sa vénérable
mère ne voulait aucun apprêt et s'était même abstenue de toute invi-
tation. Mais l'élan unanime de la ville et des environs était trop éner-
gique pour ne pas trouver son cours; et rien ne manqua à la
magnificence des funérailles du général que deux choses : le soleil
d'abord; mais la persistance de la foule, dans la boue, sous la
pluie et le vent, avait une signification plus éloquente que la lumière
du jour le plus splendide; — puis, les honneurs militaires; lacune
d'autant plus fâcheuse que le 3e chasseurs, en garnison à Auch,
avait été commandé trois ans par le colonel Cassaignolles. Je
sais du reste très positivement que les officiers de ce régiment ont
souffert de ne pouvoir rendre ce dernier hommage à un chef aimé
de tous; mais des circonstances fortuites n'ont pas permis l'émis-
sion d'un ordre supérieur autorisant cette démarche.

La cérémonie funèbre commença le mardi à 10 heures. Le
cortége présentait l'ensemble le plus varié. Après la croix parois-
siale marchait l'école de Saint-Joseph, institution secondaire déjà
florissante et qui avait reçu du général les plus sympathiques
encouragements. Suivaient les religieuses de Nevers et les diffé-
rentes écoles de filles. Les confréries et congrégations défilaient
ensuite en longues lignes sous leurs diverses bannières. Après
elles, les ouvriers se groupaient par corporations, d'après les
habitudes de la population industrielle de Vic-Fezensac, qui a gardé
noblement ses titres et ses patrons du moyen âge : saint Crépin,
saint Eloi, saint Eutrope, saint Joseph. Ils étaient suivis des deux
très nombreuses sociétés de secours mutuels. Enfin, le corps
municipal précédait immédiatement le clergé. Les pompiers et
la gendarmerie escortaient les deux beaux chars funèbres, dont

l'un portait les insignes militaires du général, l'autre son cercueil surveillé par le fidèle Pagès, qui n'a voulu quitter son maître qu'à la tombe. Un long convoi de parents et d'amis fermait la marche.

Le cercueil fut déposé provisoirement, au cimetière communal de Vic-Fezensac, dans le caveau de la famille Barada, que des liens étroits rattachent à la famille du général. Un élégant mausolée s'est élevé depuis, par les soins de Mme Cassaignolles et de sa parente, Mme de Villeneuve, au-dessus d'un caveau où l'on a réuni au corps du général les restes des membres de sa famille qui étaient ensevelis à Mourède.

Après les dernières prières, trois discours furent prononcés au milieu du calme religieux des assistants, qui résista jusqu'au bout aux ennuis d'une journée froide et pluvieuse.

M. J. Lapeyrère, juge de paix de Vic-Fezensac, en laissant parler sa vieille amitié pour le défunt, paya la dette de tous les amis d'enfance de l'excellent général; il loua avec le même accent ému les grandes actions de la vie militaire de son compatriote et la simplicité de sa mort chrétienne, « exemple pour tous. »

M. Dupuy, maire de Vic, se fit ensuite l'interprète des regrets de la ville. Elle était fière des triomphes de son général, elle s'était sentie honorée elle-même de tous les honneurs décernés à un citoyen si cher et si dévoué, et se flattait de le posséder presque sans partage au moment même où elle l'a perdu.

Enfin, M. J. Mothe, ancien maire, exprima en paroles émues la sympathie puissante qui réunissait, sans distinction de classe ni de parti politique, toute une population dans le même sentiment de regret, dans le même élan cordial et spontané ; il justifia cette popularité de bon aloi par les qualités de cœur de Cassaignolles, et surtout par l'incomparable modestie qui rehaussait son mérite ; il protesta, au nom de ses concitoyens, que cette affection universelle se reporterait tout entière sur la digne mère du général, comme un surcroît d'hommage et une consolation.

Après ces allocutions qui n'avaient rien des formules conve-
nues d'un deuil officiel, les pompiers firent des feux de peloton
sur la tombe, et la foule s'écoula avec le recueillement d'une douleur publique.

Je ne pouvais mieux finir que par des éloges partis du lieu natal et des amis d'enfance cette esquisse consacrée à une mémoire
qui doit rester chère au pays. J'ai été heureux de recueillir, sur la
tombe encore ouverte, ces témoignages exempts de tout soupçon de
partialité, comme j'ai voulu montrer plus haut les qualités du
général par des citations qui n'ont à redouter aucun contrôle. On
aurait eu le droit de récuser les appréciations stratégiques d'un
pauvre clerc attaché à la glèbe de la presse et de l'enseignement, et
de suspecter l'impartialité d'un parent sur les qualités morales d'un
homme qui fut toujours si affable et si dévoué à tous ses parents.
Mais je puis me taire, général, parce que nul ne parlera de
vous que pour faire votre éloge. Ceux qui ont marché sous vos
ordres sont unanimes à vous caractériser en deux mots : bonté,
justice; bonté offerte à tous, justice égale pour tous. Les honneurs n'ont pas manqué à votre vie ; mais pour vous les honneurs
passaient après l'honneur, et en aucun temps l'ambition ne vous
fit faire ou omettre la moindre démarche au détriment de votre
exquise délicatesse. Vous avez prouvé d'exemple que le mérite
peut échapper à l'envie en évitant l'orgueil, et que le meilleur
moyen d'être aimé de tous est de ne se faire le courtisan de personne. Jamais vous ne mentîtes à votre conscience en sacrifiant le
devoir à la faveur ; jamais vous ne fermâtes à un malheureux
votre cœur ni votre bourse. Aussi le Dieu juste et bon a voulu
consoler votre dernière heure, et, en marquant la fin de votre
carrière de sa bénédiction souveraine, imprimer à votre nom ce
sceau de l'infini sans lequel toute gloire va s'éteindre dans le froid
du tombeau.